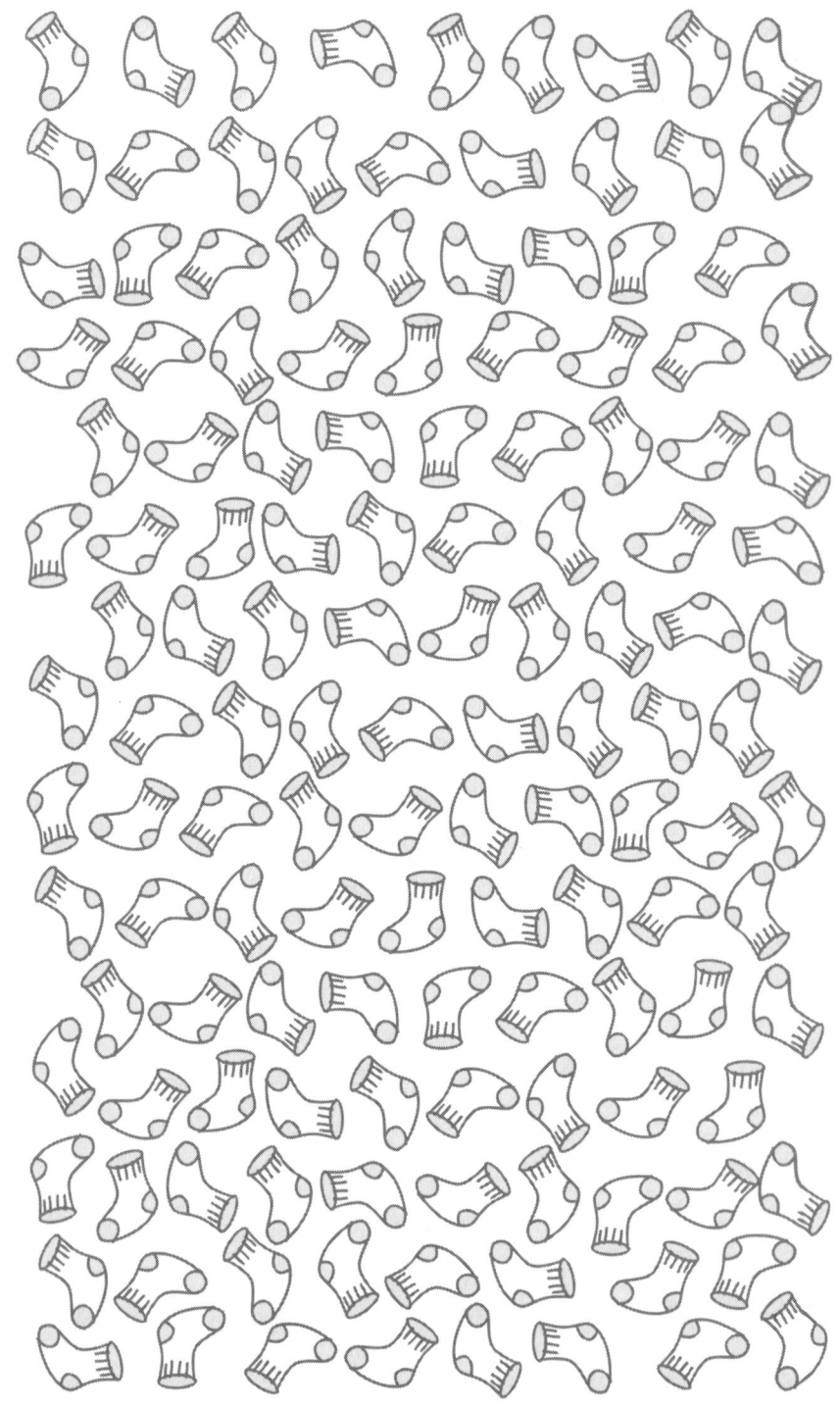

Últimos títulos publicados en Calcetín Teatro

Existen recursos didácticos referidos a este libro que se pueden descargar de forma gratuita desde la página web de Algar www.algareditorial.com.

La traducció d'aquesta obra ha disposat d'un ajut de l'Institut Ramon Llull.
https://www.llull.cat/catala/quisom/logo_corporatiu.cfm

Título original: *Per sis granets de magrana!*
© Anna Ballester Marco, 2017
© Introducción y propuestas escénicas:
   Josep Antoni Fluixà Vivas, 2017
© Traduït del català per Pau Sanchis Ferrer, 2025
© Ilustraciones: Ada García Fernández, 2017
© Algar Editorial
   Apartado de correos 225 – 46600 Alzira
   www.algareditorial.com
Diseño de la colección: Carles Barrios
Impresión: Paper Plegat

1.ª edición: febrero, 2025
ISBN: 978-84-9142-791-9
DL: V-22-2025

PAPEL ECOLÓGICO
TCF LIBRE DE CLORO

FOTOCOPIAR LIBROS
NO ES LEGAL

LIBRO AMIGO DE LOS BOSQUES
PAPEL PROCEDENTE DE FUENTES RESPONSABLES

ALCETÍN
TEATRO

¿Y todo esto por una granada?

Anna Ballester

Ilustraciones de Ada Sinache

Introducción y propuestas escénicas elaboradas
por Josep Antoni Fluixà

algar

Introducción

La autora

Anna Ballester Marco nació en Borbotó (Valencia) en 1954 y estudió Magisterio. Posteriormente, se licenció en Psicología. Toda su vida profesional ha estado unida a la enseñanza. De hecho, ha sido maestra, profesora de Secundaria, asesora de formación del profesorado y, finalmente, profesora de ciclos formativos de grado superior de Intervención Sociocomunitaria hasta su jubilación como docente. Por lo tanto, podemos afirmar que ha conocido, de primera mano, las distintas etapas en las que se estructura el sistema educativo en nuestro país, lo que ha propiciado que goce de una visión privilegiada a la hora de detectar las deficiencias y las soluciones posibles de la metodología —es decir, la manera de enseñar y de aprender— utilizada por el profesorado en nuestras escuelas e institutos.

En este sentido, uno de sus principios educativos ha sido siempre el uso de la motivación como recurso para el aprendizaje del alumnado. Y el objetivo, desterrar la monotonía de la escuela. Por eso, desde el principio de su carrera como docente, se ha preocupado por aprender estrategias de dinamización y por utilizar todo tipo de recursos que permitieran despertar el interés del alumnado. De este modo, descubrió la pasión y la fuerza que las palabras tienen en las mentes infantiles, y también que el uso de los cuentos y de la lectura era una herramienta capaz de generar aprendizaje casi sin darnos cuenta, una gran cantidad de ideas, sentimientos y actitudes. Esta fue la razón que la llevó a estudiar la carrera de Arte Dramático y el posgrado Lenguaje Total: Técnicas de Expresión. Fue entonces cuando se especializó en didáctica de la lectura y, concretamente, en todos los temas relacionados con la literatura infantil, la animación lectora, la dinamización de las bibliotecas y la dramatización como recursos imprescindibles para la motivación del alumnado.

El éxito inevitable de su propuesta, como es lógico, propició que el resto de los compañeros docentes le reclamaran, una y otra vez, que compartiera los conocimientos que adquiría con su trabajo. Y, por eso, desde hace muchos años, Anna Ballester se ha dedicado también a impartir un gran número de cursos de formación del profesorado, una ocupación que le ha permitido participar en numerosos congresos y encuentros profesionales, así como publicar muchos artículos en revistas especializadas como *CLIJ*, *Escola Catalana*, *Articles*, *Quaderns d'Animació Lectora* y *Guix*. En consecuencia, Anna Ballester ha ido adquiriendo un prestigio y una relevancia que, de alguna manera, la Fundació Bromera para el Foment de la Lectura quiso recompensar al nombrarla —el mismo año de su creación, es decir, en 2002— miembro del patronato asesor, del que ha formado parte durante más de dos décadas. Fue precisamente esta entidad la que le publicó su primer libro en 2009, *Poemania. Guia pràctica per a fer lectors i lectores de poesia*, un manual dirigido al profesorado y con un objetivo muy explícito.

Por todo eso, a nadie le extrañó que Anna Ballester hubiera escrito finalmente una obra de ficción y, en concreto, de teatro, cuando en 2010 sacó a la luz *Maleïda poma!*, cuya versión en castellano, *¡Dichosa manzana!*, ha sido publicada en esta misma colección. Se había dado a conocer, como hemos dicho, como especialista en animación lectora y también como narradora oral de historias tanto para niños como para adultos. Había impartido numerosos cursos de dramatización e incluso había montado representaciones teatrales con su alumnado de los ciclos superiores de Intervención Sociocomunitaria. Resultaba inevitable que intentara darnos a conocer sus textos y, por suerte, el éxito alcanzado por *¡Dichosa manzana!* la ha animado a perseverar ahora que, ya jubilada, dispone de un poco más de tiempo para escribir. Es por eso por lo que ahora nos ofrece una nueva pieza teatral, *¿Y todo esto por una granada?*, que recrea otro de los mitos griegos que tanto le gustan a la autora.

'¿Y todo esto por una granada?' y el mito de Perséfone

Si *¡Dichosa manzana!*, la obra anterior de Anna Ballester, escenificaba el mito del juicio de Paris, *¿Y todo esto por una granada?* representa el mito de Perséfone. Pero ¿quién es Perséfone y por qué considera la autora este mito antiguo tan atractivo como para escribir una versión teatral de él? La respuesta es muy sencilla y se contesta contando la historia. Perséfone es una diosa hija de Zeus, el dios más poderoso del Olimpo —que es como decir de todo el universo—, y de Deméter, la diosa encargada del cultivo de la tierra. Deméter, naturalmente, quiere mucho a su hija y, por eso, intenta mantenerla alejada de las intrigas y las ambiciones de los demás dioses. Sabe que Perséfone es una doncella inocente y atractiva que, sin duda, tarde o temprano, atraerá la atención de algún dios y no siempre con buenas intenciones.

En efecto, no se equivoca, porque, cuando menos se lo espera, mientras Perséfone recoge flores acompañada de unas ninfas, sale de una grieta del suelo

Hades, el dios del mundo subterráneo habitado por los muertos. Hades sorprende a Perséfone y la rapta porque quiere convertirla en su esposa, la reina del mundo de la oscuridad. Pero Perséfone ama la luz y se opone. Deméter, desolada y triste, no se da por vencida y reclama a Zeus y a todos los dioses del Olimpo el retorno de su hija. Se crea entonces un grave conflicto, porque nadie parece dispuesto a enfrentarse a un dios tan poderoso como Hades y porque la tierra ha dejado de dar frutos ante el abandono en que la ha dejado Deméter. La resolución del caso, aunque ahora haya crecido en vosotros el deseo de conocerla tras la narración de los hechos, la dejaremos en el aire, porque es la misma que se da también en la pieza de Anna Ballester y no conviene descubrir al lector los desenlaces de aquellas obras que todavía no ha leído.

El caso es que la trama desarrolla fielmente el mito de Perséfone descrito y lo revive recreando los diálogos que se podrían haber producido entre unos dioses y otros. Solo hay un personaje ajeno, extraño, a la historia clásica: la narradora. Este personaje cumple la misión típica y tópica —por decirlo de alguna manera—, utilizada a menudo en el teatro infantil, de aportarnos la información del argumento que no nos pueden dar directamente los personajes con sus diálogos. Pero, a la vez —y eso es lo más importante en *¿Y todo esto por una granada?*—, introduce un elemento atemporal respecto a la historia que se cuenta y actual respecto al lector que la lee o al espectador que la contempla.

Con esto, lo que queremos decir es que la autora tiene la intención, desde el principio, de que como lectores o espectadores nos interroguemos y nos cuestionemos todos los hechos y las actitudes que se representan en la obra desde una perspectiva actual. Que lo hagamos o no ya es cosa nuestra. Pero, por supuesto, estaría bien que lo hiciéramos, individualmente o en grupo, porque una obra como *¿Y todo esto por una granada?* da para reflexionar sobre temas muy variados. En primer lugar, por ejemplo, podemos fijarnos en la diferente concepción que había de los dioses en la antigua Grecia, más cercana a la idea que actualmente tenemos de los ricos y de los gobernantes que al concepto de dios monoteísta —cristiano, musulmán o judío— que observa y juzga a los humanos desde su perfección y bondad. En consecuencia, resulta muy visible el conflicto entre los que mandan: sus envidias, sus ambiciones, los rencores y los odios que se tienen los unos a los otros, las vanidades, la necesidad de mostrar la superioridad de cada uno, etc. Estos conflictos se desarrollan y se resuelven al margen de la gran mayoría de los humanos mortales o pobres. ¿Qué le importa, por ejemplo, a Hades que en la Tierra la gente pase hambre, si él tiene lo que quiere, es decir, a su Perséfone como esposa?

Llegados a este punto, nos podemos plantear si es lícito o no que un dios, o una persona, secuestre a alguien, a una mujer en concreto, aunque sea por amor. ¿Cuántas historias clásicas y actuales conocemos en las que se produce una actuación de evidente violencia contra las mujeres? Muchas, sin duda. Por eso, cuando hablamos de mitos, no estamos hablando solo de historias antiguas, sino de situaciones que, a menudo, por desgracia, son actuales y nos afectan más de lo que creemos. ¿O no es verdad que todos nos sentimos siempre amados y defendidos por nuestra madre o nuestro padre, como hace Deméter con Perséfone? ¿Y qué podemos decir de la solución, de la decisión final de Zeus...? ¿Es la que nos gusta? ¿Es la ideal o solo una salida para no alargar un conflicto que puede resultar desastroso? ¿Son justas y contentan a todos los bandos las paces que se firman tras una guerra? Interrogantes y más interrogantes. Y eso es bueno, porque esta es la prueba de que nos encontramos ante una obra de nivel.

Los personajes

Sin duda, también es signo de este nivel la presencia de unos personajes potentes con unas características bien definidas que los individualizan. La autora consigue este efecto echando mano de unos protagonistas conocidos y de larga tradición teatral, porque proceden de la mitología y la religión de la Antigua Grecia y del mundo de la tragedia clásica. Además, a muchos de estos personajes ya los había utilizado Anna Ballester en su obra anterior *¡Dichosa manzana!* Sin embargo, a diferencia de aquella, en la que dio a la trama un tono de comedia, en esta ha querido mantener el tono trágico tradicional, muy probablemente porque el tema del rapto de una doncella en contra de su voluntad no se presta a frivolidades ni a bromas de mal gusto.

Por eso, en esta ocasión, todos los personajes tienen que mantener, al hablar y al actuar, el tono solemne y altivo que les corresponde de acuerdo con el rango que ocupan. Además, tienen que expresar con énfasis y afectación trágica aquellos sentimientos que experimentan, como el odio y el rencor de Hades porque vive solo y la desesperación de Deméter por la desaparición de su hija. Pensad que todo lo que viven y hacen los dioses lo viven y lo hacen de una manera más intensa que nosotros, los humanos. Y todo eso, como es lógico, debemos tenerlo en cuenta a la hora de leer la obra, sobre todo porque, como todas las obras teatrales, además de una lectura individual, permite una lectura colectiva en voz alta. No siempre leemos teatro para representar el texto en un escenario, también lo hacemos por el placer de conocer una historia o por lo divertido que es pasar un rato de lectura dramatizada con nuestro círculo de amistades o con nuestros compañeros de clase.

Sea como sea, tanto si leemos individual como colectivamente, nos será útil conocer las características y la identidad de cada personaje para comprender mejor el texto y acertar en el tono de voz y la expresividad con los que tenemos que leer cada uno de los diálogos. Para ello, os ofrecemos, a continuación, una breve relación descriptiva de los personajes:

NARRADORA: Es, como se ha dicho, el único personaje actual de la historia. En consecuencia, además de vestirse como podría hacerlo cualquier niño de hoy en día, tiene que hablar y actuar de una manera natural y sencilla. Sea como sea, debe conseguir dar la entonación y el énfasis adecuados a sus palabras para captar el interés de los espectadores. Por decirlo de alguna manera, no es como un juglar de la Edad Media, ni actúa tampoco como el coro de las obras clásicas, pero sí que tiene que hablar como si fuera una narradora oral de cuentos.

DIOSES: En total, son once y, en la primera escena, la narradora los presenta de uno en uno. Como la presentación de cada uno es muy clara y aparecen, más o menos, por orden de importancia, no es necesario repetir ahora la información que podéis leer más adelante. En cualquier caso, tenéis que saber que los dioses son personajes que hablan y actúan con mucha seguridad y que se sienten muy orgullosos de ser como son. Las únicas que se mostrarán más alteradas son Deméter y su hija Perséfone, porque son las víctimas de la historia y viven el sentimiento de la tragedia con mucha desesperación en intensidad.

NINFAS: Aparecen, brevemente, cinco de ellas. Las ninfas también son seres divinos, pero inferiores que los dioses. Según dicen los griegos, eran hijas de Zeus y siempre eran representadas por mujeres jóvenes que habitaban los ríos, las fuentes, los bosques y las montañas. En la obra pueden representar un contrapunto humorístico a la seriedad de los personajes divinos. En caso de necesidad —en una futura representación teatral—, podemos hacer que aparezcan también en otras escenas para quitar intensidad dramática a la acción y provocar una sonrisa entre los espectadores.

CERBERO: Aparece en la escena cuarta, sin presentación previa, pero enseguida el lector lo identifica como el portero o servidor del dios Hades por su apariencia, ya que, según la mitología griega, Cerbero, conocido también como «el can Cerbero», es el perro de Hades, un monstruo de tres cabezas que guarda la puerta de entrada al mundo subterráneo. A pesar de su aspecto y de su fama, en la obra, probablemente porque se relaciona con el dios Hermes y con Perséfone, se muestra educado e, incluso, comprensivo.

LAS VOCES EN OFF: No son estrictamente personajes, porque no aparecen en escena, aunque, si se quisiera hacer participar a más gente en la representación, se podrían transformar fácilmente en bailarines de un balé. En todo caso, su voz debe ser plural —es decir, leída o pronunciada por más de una persona— y se debe escuchar reiteradamente y distorsionada por la lejanía o por algún tipo de megafonía. Las voces en *off* aparecen en la quinta escena, representando a las hojas de los árboles, y en la escena sexta representando el sonido del agua que se transforma en palabra.

Época y escenarios donde se desarrolla la acción

La historia representada en *¿Y todo esto por una granada?* transcurre en un tiempo no histórico, en un tiempo sin tiempo, porque los hechos suceden en el mundo de los dioses inmortales. Sin embargo, puesto que la trama hace referencia a las divinidades de la época de la Grecia antigua, vestiremos a los personajes según la moda griega de la época clásica: con túnicas largas o cortas según los dioses, con amuletos, cintas, objetos identificativos, etc.

Finalmente, por lo que respecta a los escenarios en los que se desarrolla la acción, tenéis que saber que básicamente son dos: el mundo exterior —el de los vivos— y el mundo subterráneo —el de los muertos—, del que Hades es el rey o dios todopoderoso. No obstante, en las escenas del mundo exterior, podemos establecer diferentes escenarios.

En la primera escena, situaríamos la presentación de los dioses en un imaginario salón de bienvenida al Olimpo, la morada o el palacio de los dioses. En la tercera, podríamos situarnos en un punto elevado desde el que se contempla un valle ancho y fértil, trabajado por Deméter. En la escena octava, en la obra se dice que nos encontramos en la puerta del Olimpo. Y, en las escenas sexta y novena, la acción transcurre en la sala del trono de Zeus en el Olimpo. Las escenas segunda, cuarta, quinta y sexta tienen lugar en el reino de los muertos y todas presentan una ambientación tenebrosa con una clara intencionalidad terrorífica, como intencionada ha sido también la selección de la información de esta introducción, que no tiene más objetivo que el de despertar vuestro interés por la lectura de la obra. Por lo tanto, no nos alargamos más. Empezad a leer *¿Y todo esto por una granada?*, de Anna Ballester.

¿Y todo esto por una granada?

Personajes

(Por orden de intervención)

NARRADORA

HADES

APOLO

DEMÉTER

HERMES

CERBERO

PERSÉFONE

ZEUS

HERA

AFRODITA

ATENEA

POSEIDÓN

DIONISO

Primer acto

Escena 1

La presentación de los dioses

(Suena una música galáctica. Por delante del telón, aparece la Narradora. Observa con una sonrisa al público y después empieza la introducción. La luz de un foco frontal la ilumina).

Narradora. Buenos días, amables espectadores. Estamos a punto de representar un mito, una historia fantástica protagonizada por dioses. Esto pasó al principio de los tiempos. Los doce dioses principales, los dioses olímpicos, vivían en una montaña sagrada llamada Olimpo, pero había algunos que no estaban contentos y empezaron a surgir problemas... Esta historia legendaria nos da una posible explicación del origen de las estaciones del año.

Bueno, ahora dejemos que se presenten los principales dioses y otros personajes que aparecerán en la representación. *(A medida que los vaya nombrando, los Dioses entrarán desde diferentes puntos de la sala y dejarán su atributo y el cartel con su nombre en la parte delantera de la boca del escenario. Mientras caminan entre el público, contarán brevemente quiénes son).* ¡Zeus!

Zeus. *(Es el único que saldrá del fondo del escenario. Lleva en la mano unos rayos de tormenta. Habla con gran satisfacción).* Señores, señoras, niños, niñas, mortales todos: soy Zeus, el rey supremo del universo, el dios más poderoso del Olimpo. También me podéis llamar Júpiter.

Mis símbolos son el águila, porque, al igual que yo, domina el cielo, y un haz de rayos de tormenta. *(Sonríe).* Gracias a la amenaza de su descarga, puedo poner orden entre los dioses y en el mundo entero. *(Se queda inmóvil en el centro de la boca del escenario).*

NARRADORA. ¡Poseidón!

POSEIDÓN. *(Sale por el lateral derecho, por debajo del escenario, con el tridente).* También me conoceréis como Neptuno. Soy el más grande de los dioses, después de Zeus. *(Lo mira para que no se altere).* Yo soy el dios de las profundidades del mar. Allá ordené construir... *(fanfarroneando)* un palacio submarino ¡de pri-me-ra! Dicen que soy belicoso, porque, si me enfurecen, clavo mi tridente con fuerza y provoco terremotos de gran escala.

En las obras de arte me reconoceréis por mi símbolo, el tridente. *(Cuando acaba de hablar, sube al escenario y se queda al lado de ZEUS).*

NARRADORA. *(Mientras POSEIDÓN se dirige al escenario).* ¡Hades!

HADES. *(Sale por el lateral izquierdo, por debajo del escenario, con el báculo).* Aquí tenéis al dios del reino invisible de los muertos. Soy hermano del gran Zeus y de Poseidón, pero yo no tuve tanta suerte como ellos. Después de destronar a nuestro padre, Cronos, a mí me tocó la peor parte: el mundo subterráneo. Este báculo sirve para conducir las almas de los muertos por el mundo invisible. A quien viene de allí... no lo dejo escapar. *(Ríe sádicamente).* A mí no me suelen representar en los cuadros *(con amargura),* ¡a mí nadie me quiere! *(Renqueando, sube al escenario y se queda a la izquierda de ZEUS).*

NARRADORA. *(Cuando acaba de hablar HADES).* ¡Deméter!

DEMÉTER. *(Puede salir de alguna puerta lateral o despacio por en medio de la sala).* Yo soy Deméter, la diosa de la fecundidad, la encargada de cultivar la tierra. Yo siempre procuraba que los árboles dieran frutos y que la tierra ofreciera buenas cosechas, pero... *(con mucha tristeza)* un día perdí a mi hija y eso lo cambió todo: prestad mucha atención y sabréis qué ocurrió. *(Se queda inmóvil, esperando a que se presente PERSÉFONE).*

NARRADORA. ¡Perséfone!

PERSÉFONE. *(Desde un sitio central de la sala, cerca de DEMÉTER).* Mi nombre es Perséfone y también Proserpina. Soy la hija de la diosa Deméter y de Zeus, el dios supremo. Yo vivía muy feliz con mi madre *(se acerca a ella)* en el campo, hasta que un día, cuando estaba recogiendo flores, me secuestraron. *(Dolida).* Eso es algo que nunca debería sucederle a nadie. *(Abraza a su madre y después su-*

ben al escenario las dos. *Se sitúan al lado de Poseidón).*

Narradora. *(Mientras Perséfone y Deméter llegan a su sitio).* ¡Apolo!

Apolo. *(Desde el centro de la sala. Lleva una lira y una diadema de rayos de sol).* A mí me reconoceréis fácilmente. Soy Apolo, el dios de la música, de la luz y *(presumiendo)* de la belleza masculina. Soy hijo de Zeus y hermano de Diana, la diosa cazadora. Cada día guío el carro del sol para que dé luz y calor a la Tierra. Mi símbolo es el laurel. Los artistas siempre me representan con la lira, con un arco y unas flechas o con los rayos del sol. *(Sube al escenario y se pone al lado de Hades).*

Narradora. *(Cuando acaba de hablar Apolo).* ¡Atenea!

Atenea. *(Entra por un lateral, desde la parte posterior de la sala. Lleva casco, lanza y escudo).* Como podréis imaginar por mi indumentaria, yo soy la diosa de la sabiduría y de la táctica militar. *(Hace una pausa para enfatizar lo que está a punto de decir y mira persuasivamente al público).* Ya sabéis que la inteligencia es más importante que la fuerza. *(Habla muy satisfecha de sí misma).* Soy la patrona de la ciudad de Atenas y la protectora de los héroes. *(Divertida).* Dicen que nací armada, por eso siempre me representan con el casco, la lanza y el escudo. Mi símbolo es la lechuza. *(Se dirige al escenario y se coloca al lado de Apolo).*

NARRADORA. ¡Hermes!

HERMES. *(Sale corriendo por el fondo de la sala hacia el escenario. Cuando llega, tiene que recuperarse para poder hablar).* Yo soy hijo de Zeus y de Maya (sí, como la abeja). Desde pequeño fui un diosecillo ingenioso, elocuente y persuasivo, por eso me convertí en el mensajero de los dioses. Llevo alas, en el gorro y en las sandalias, que me permiten ir rápido como el viento. También llevo esta vara, llamada caduceo, que me entregó Zeus para que todo el mundo me respetara.

En las obras de arte me reconoceréis por las sandalias aladas, el gorro y el caduceo. *(Se coloca al lado de DEMÉTER).*

NARRADORA. ¡Dioniso!

DIONISO. *(Aparece por el lado opuesto de donde ha salido ATENEA. Lleva en la mano una copa y habla como si estuviera un poco ale-*

gre, achispado). Holaaa, aquí tenéis al dios del vino, del sentimiento y del teatro. *(Va caminando lentamente hacia el escenario).* También se me conoce como Baco; de aquí viene el nombre de «bacanales» para las fiestas que yo organizaba en Tebas. *(Se ríe al recordarlas).* En las pinturas me podréis reconocer fácilmente porque siempre me representan llevando en la mano una copa o un racimo de uvas. *(Sube al escenario y se sitúa al lado de* ATENEA*).*

NARRADORA. ¡Hera!

HERA. *(Entra por la parte delantera de la sala. Habla de forma altiva. Lleva un pavo con la cola abierta).* Respetable público, recordad este nombre: ¡Hera! ¡Soy la diosa más importante del Olimpo! Soy la esposa de Zeus y la diosa protectora del matrimonio. *(Empieza a subir al escenario).* Mi atributo es el pavo real, porque en la cola tiene un abanico de ojos... Tantos como yo necesito para vigilar la lujuria de Zeus. *(Se hace sitio entre* POSEIDÓN *y* ZEUS*).*

NARRADORA. ¡Afrodita!

AFRODITA. *(Entra por el pasillo central, desde el fondo de la sala. Seductora y muy contenta.*

Lleva en la mano un cupido). ¡Estoy encantada de conocerme! Ja, ja, ja... Soy la diosa del amor, de la belleza, de la primavera y de todos los encantos de la naturaleza. Soy Afrodita, pero también me llaman Venus. *(Carraspea de forma burlona para llamar la atención de Hera y habla marcando cada sílaba)*. ¡Soy la más fa-mo-sa de to-das las di-vi-ni-da-des!

Nací sobre la espuma del mar y, por donde pisaba, crecían hierbas y flores. *(Mientras avanza provocativa hacia el escenario, camina como si fuera por una pasarela de moda)*. Mi hijo es Cupido, el que dispara las flechas del amor; cuando yo se lo ordeno, ¡claro!

Me podéis reconocer en los cuadros o en las esculturas porque me representan con poca ropa, en el mar o acompañada de Cupido. *(Sobre el escenario se pone al lado de Perséfone, de perfil, y enseña toda la pierna por la abertura lateral de la túnica)*.

(La Narradora empieza a retirarse, pero es interrumpida por la aparición de cinco Ninfas muy divertidas que salen por varios puntos de la sala y hablan coqueteando

mientras suben al escenario y se colocan en el suelo delante de los dioses como en una foto).

NINFA 1. ¡Eh, eh, eh! Nosotras también queremos salir en la foto.

NINFA 2. ¡Somos las ninfas!

NINFA 3. Somos divinidades secundarias.

NINFA 4. Siempre nos representan como doncellas bellísimas.

NINFA 5. ¡Todas somos hijas de Zeus!

TODAS. Ja, ja, ja...

(Se ve la escena pictórica de todos los personajes. Mientras sube la música, se va cerrando el telón).

Escena 2
Hades

(Bajo el escenario se encuentra el reino de los muertos. Oscuridad. Solo dos puntos de luz de linternas. Cerbero acompaña a Hades).

Hades. *(Está sentado en una butaca pensativo. Tras unos instantes, se levanta de mal humor y camina de aquí para allá).* ¿Por qué? ¡Me pregunto por qué tenía que ser yo el más desafortunado de la familia! Cuando sorteamos la herencia entre los tres hermanos, yo me llevé la peor parte.

A mi hermano Zeus le tocó el reino del cielo. Por eso ahora vive en la cima del monte Olimpo. Cuenta con unas vistas magníficas y siempre tiene compañía.

Mi hermano Poseidón se quedó con el reino del mar. Allá en las profundidades, siempre está rodeado de sirenas y criaturas marinas de todo tipo.

Y a mí, ¿qué me quedó? El reino subterráneo. Aquí, bajo tierra, siempre está oscuro y hace frío. ¡Por eso se me está poniendo un carácter infernal! Ningún ser vivo quiere venir a hacerme compañía aquí. ¡Ah! La soledad es incluso peor que el frío y la oscuridad. Estar solo es muy triste... ¡y muy aburrido!

(Se oscurece y se ilumina la parte de arriba del escenario. Se abre el telón. Aparece Apolo llevando el sol y contemplando la tierra cultivada...).

Escena 3
APOLO Y DEMÉTER
CULTIVANDO LA TIERRA

APOLO. ¡Ah! Es un placer sacar el sol cada día y contemplar cómo Deméter aprovecha la luz y el calor para mantener la tierra espléndida. Eso nos da felicidad a todos: siempre hay plantas con flores multicolores, árboles llenos de frutos, campos con buenas cosechas por recoger...

(Mientras habla APOLO, aparece DEMÉTER trabajando la tierra, canturreando. APOLO se va y deja el sol colgado allá arriba).

DEMÉTER. *(Incorporándose y secándose el sudor mientras grita)*. ¡Perséfone! ¡Perséfone! Hija, ¿dónde estás?

PERSÉFONE. *(Desde fuera)*. ¡Mamá, estoy aquí! ¡Ya voooy! *(Entrando con las NINFAS desde el fondo de la sala. Todas llevan coronas de flores)*. ¡Venid! *(A su madre)*. Mamá, estaba con las ninfas recogiendo flores. Nos hemos hecho unas coronas. ¿Te gustan?

DEMÉTER. *(Ríe complacida)*. ¡Estáis muy guapas!

PERSÉFONE. También hemos estado preparando una danza. Siéntate un poco y bailaremos para ti, ¿quieres?

DEMÉTER. Muy bien. Aprovecharé para descansar.

(Se colocan. Suena la música y bailan. Cuando terminan, DEMÉTER aplaude satisfecha. PERSÉFONE y las NINFAS saludan riendo después de la actuación).

PERSÉFONE. ¿Te ha gustado, mamá?

DEMÉTER. Mucho. ¡Es una danza preciosa! Podríais bailarla en la fiesta que está preparando Zeus.

NINFAS. *(Todas a la vez, saltan de alegría)*. ¡Ah! ¡Oh! ¡Sí!

PERSÉFONE. Bueno, mamá, volveré más tarde. (*La besa*). Vamos. (*A las* NINFAS).

DEMÉTER. ¡Vuelve antes de que sea de noche!

(*Salen de escena.* DEMÉTER *vuelve al trabajo y va disminuyendo la luz hasta el oscuro*).

Escena 4
LA VISITA DE HERMES

(HERMES va a hablar con HADES. Se guía con una linterna. Está oscuro).

HERMES. *(Con la respiración entrecortada de correr, grita).* ¡Cerbero!

CERBERO. *(Desde dentro).* ¡Ya va! *(Aparece con otra linterna).* Buenos días, Hermes.

HERMES. Buenos días. Dile a Hades que ya estoy aquí.

CERBERO. Espera un momento. *(Acercándose a HERMES, confidencial).* Se ha pasado el día refunfuñando y de peor humor que de costumbre. *(Entra y vuelve a salir)*. Pasa, Hermes.

HERMES. *(Levantando el caduceo)*. Buenos días, Hades.

HADES. *(Con cara de pocos amigos)*. ¿El día es bueno o lo dices por decir algo? *(Impaciente)*. ¿Has cumplido mi encargo? ¿Qué noticias me traes?

HERMES. *(Titubea incómodo)*. Lo siento, Hades. Lo he intentado, pero ninguna diosa ni mortal quiere compartir contigo este reino de tinieblas.

HADES. *(Enfurecido)*. Grrr… Pero ¿tú has dicho que la que quiera ser mi esposa será reina y tendrá todo lo que desee?

HERMES. Sí, Hades, pero todas prefieren disfrutar de la luz y poder contemplar las flores, las nubes, el mar, las montañas…

HADES. *(Furioso)*. ¡Ah! Grrr… Vete. ¡No quiero escucharte más! *(HERMES se va)*. ¡Qué mala suerte!… *(Reaccionando)*. Pero esto no quedará así, ¡no, señor! Yo mismo elegiré a una joven que me guste y, si es necesario…, ¡la raptaré! A mi lado nunca tendrá frío…, ja, ja, ja; ni le molestará la oscuridad. Lo llenaré todo de luz. *(Ríe histérico)*. Ja, ja, ja. ¡Aunque con frío y oscuridad también puede surgir el amor! Ja, ja, ja... *(Gritando).* ¡Cerbero! ¡Pon luz por todas partes! ¡Voy a echar una ojeada a la Tierra, al mundo superior!

Segundo acto

Escena 5
RAPTO DE PERSÉFONE Y ESTANCIA EN EL REINO DE LOS MUERTOS

(CERBERO enciende unas cuantas linternas. Mientras tanto, HADES mira y ve a PERSÉFONE, que está recogiendo flores y haciendo un ramo).

HADES. *(Al público).* ¡Ah! ¡Qué criatura tan bonita! *(La mira otra vez).* ¡Ella es la doncella que quiero! *(Vuelve a buscar a CERBERO).* Cerbero, ven a ayudarme. Quiero raptar a una... ¡una preciosidad! *(Sonríe satisfecho).* ¡Será mi reina!

CERBERO. *(Preocupado).* Pero, señor…, ¿de quién se trata?

HADES. ¡Calla y ven a ayudarme, te he dicho!

CERBERO. Hades, ¡pensad en las consecuencias…!

HADES. El dios supremo lo comprenderá. Ja, ja, ja…

(HADES y CERBERO rodean a Perséfone. Ella se resiste. Danza del rapto a cámara lenta. Juego de luces. Cuando se la llevan, se quedan las flores desparramadas por el suelo).

PERSÉFONE. *(Gritando).* ¡Soltadme! ¡Socorrooo!

HADES. Shhh, no chilles; no te haremos daño.

CERBERO. No tengas miedo.

PERSÉFONE. ¡Mamáàá! ¡Que alguien me ayudeee! *(Llora con rabia).*

HADES. Shhh… *(Intentando ser amable).* ¡No grites, preciosa!

HOJAS DE LOS ÁRBOLES. *(Van cayendo hojas de color rojizo. Voces en off).* ¡Suéltala! ¡Déjala en paz! Déjala…

HADES. *(A los árboles, enfadado).* ¡Callaos! ¡Callaos! *(A PERSÉFONE).* ¡No llores, guapa!

(Llegan al reino subterráneo).

PERSÉFONE. ¿Quiénes sois? Pero ¿qué queréis de mí?

HADES. Soy Hades, el dios del reino subterráneo. ¡Aquí serás mi reina! *(La suelta)*.

PERSÉFONE. Yo no quiero ser reina. Yo no quiero estar aquí. ¡Yo quiero irme a mi casa!

CERBERO. ¿Cómo te llamas?

PERSÉFONE. *(Arrogante)*. ¡Soy Perséfone, hija de la diosa Deméter y de Zeus!

CERBERO. *(Horrorizado)*. ¡Hades! ¿Tú sabías quién era?

HADES. *(Ignorando a CERBERO)*. Te daré todo lo que pidas: oro, joyas, piedras preciosas...

PERSÉFONE. No quiero nada de todo eso. ¡Quiero vivir con mi madre y tener la luz del sol!

HADES. Aquí, cuando te acostumbres, serás feliz. Te construiré un palacio. Tendrás mi amor...

PERSÉFONE. ¡Que no quiero estar aquí! Deja que me vaya. Te lo suplico. *(Se desploma, llorando)*.

CERBERO. Hades, evitemos problemas...

HADES. *(A CERBERO)*. ¡Fuera de aquí! *(Se recompone y, volviéndose hacia PERSÉFONE, le habla con ternura)*. No llores, por favor. ¡Eres tan bonita! Quiero que te quedes conmigo. No te arrepentirás. *(Busca algo para agasajarla y ve una bandeja de frutas. Se la enseña)*.

Toma, come algo, lo que más te guste. Esto te sentará bien. Todas las frutas son deliciosas...

(Mientras intenta convencerla, va oscureciendo).

Escena 6
DEMÉTER BUSCA A SU HIJA E IMPLORA A ZEUS

(Sobre la Tierra, el sol está descendiendo. DEMÉTER busca a su hija).

DEMÉTER. *(Mientras recoge las herramientas, grita).* ¡Perséfone! ¡Perséfone! ¡Ya es hora de volver a casa! (Busca entre los árboles y por todas partes). ¡Perséfone! (Empieza a angustiarse). Querida, ¿dónde estás? (Llora. Caen hojas de los árboles. Mientras DEMÉTER busca saliendo y entrando del escenario, habrá cambios de luz, claro/oscuro, para indicar el paso de los días).*

NARRADORA. Deméter estaba muy triste y desesperada. Estuvo nueve días buscando sin
descanso a su hija. No comía, no bebía... Dejó
de trabajar la tierra. Solo quería encontrar a
Perséfone. Cuando Deméter lloraba, los árboles también lloraban con ella: lágrimas de
hojas amarillas y marrones caían al suelo.

Después de recorrer el mundo buscando a su
hija, un día se sentó a descansar a la orilla de
un río y escuchó que el murmullo del agua le
hablaba.

AGUA. *(Voz en* off*).* Perséfone está en el reino de
los mueeertos... ¡Perséfone está en el reino
de los mueeertos!

DEMÉTER. *(Grita angustiada).* ¡¡¡Quééé!!!

AGUA. *(Voz en* off*).* Hades la ha raptado.

DEMÉTER. *(Atónita).* ¿Por qué?

AGUA. *(Voz en* off*).* Para convertirla en su reina.

DEMÉTER. *(Desesperada).* ¡Ah! ¡Nooo!

AGUA. *(Voz en* off*).* Créetelo. Perséfone está en
el reino de los muertos...

DEMÉTER. *(Horrorizada).* Por favor, ¡eso no! ¡¡No
es posible!! Allí le faltará la luz y se morirá.
(Se va corriendo).

(DEMÉTER llega al Olimpo buscando a ZEUS).

DEMÉTER. *(Gritando enloquecida por el dolor).* ¡Zeeeus! ¡Zeeeus!

ZEUS. ¿Qué te pasa, Deméter?

DEMÉTER. *(Impotente).* Dios todopoderoso, ¡ayúdame! Hades ha raptado a mi hija. ¡Haz que me la devuelva!

ZEUS. ¡Tranquilízate, por favor! ¿Estás segura de que se la ha llevado a la fuerza?

DEMÉTER. Sí, Zeus. Perséfone también es hija tuya y sabes que nunca se habría ido libremente a vivir al reino de los muertos.

ZEUS. Es verdad. Hades no debería haberla raptado. Pero...

DEMÉTER. *(Furiosa).* Zeus, no me vengas con peros. Si mi hija no regresa, prohibiré a los árboles que den frutos y no dejaré crecer las plantas.

ZEUS. Deméter, pase lo que pase, tú tienes que continuar...

DEMÉTER. ¡No, Zeus! ¡No! Yo cuidaba la tierra porque era feliz. Pero, ahora, juro que la tierra permanecerá estéril hasta que Perséfone vuelva conmigo. Me da igual que la tierra se seque, que las flores se marchiten o que las cosechas se acaben... ¡Todo se morirá si mi hija no sale del reino de los muertos!

(Cruzando los dedos delante de la boca). ¡Te lo juro!

Zeus. *(Pone cara de susto).* Deméter, no sabes lo que dices. Si la tierra se seca y no hay buenas cosechas, los humanos no podrán pagar los tributos a los dioses. ¡Eso provocaría una gran crisis! Sería terrible.

Deméter. Terrible es vivir sin mi hija. Pensar en cada momento que ella está privada de libertad y saber que estará sufriendo.

Zeus. *(Malhumorado).* Deméter, tranquilízate. *(Con picardía).* Tal vez Hades la está enamorando... ¡Reflexiona sobre las consecuencias que tendría tu decisión! Además, sabes muy bien que no todo depende de mí.

Deméter. Zeus, tú eres el dios todopoderoso. Tienes que devolverme a Perséfone. ¡Tienes que sacarla de allí!

Zeus. ¿Te has olvidado de que allí hay unas normas y una ley?

Deméter. *(Indignada).* No me hables de normas ni de leyes. Si quieres, ¡tú puedes cambiarlas todas!

Zeus. No, Deméter. Si Perséfone ha aceptado la comida de allí, no podrá regresar. Es la ley del reino de los muertos.

Deméter. *(Desesperada).* Entonces, ¿a qué espe-
ras? Perséfone no conoce esa ley. Envía in-
mediatamente a tu mensajero. Que le diga
a Perséfone que, pase lo que pase, ¡no coma
nada! Y debes prohibirle a Hades que le dé
comida. Por favor, ¡date prisa!

Zeus. De acuerdo. *(Llama a* Hermes, *que aparece rápidamente).* ¡Hermes! Ve rápidamente
a prohibirle a Hades que le ofrezca comida a
Perséfone. ¡Dile que es una orden de Zeus!
*(*Hermes *se va corriendo).*

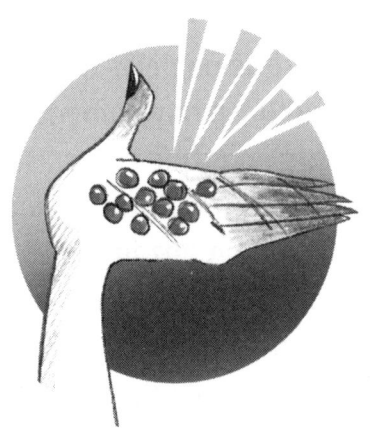

Escena 7
HADES DA COMIDA A PERSÉFONE

(Se ilumina el mundo subterráneo. HADES tienta a PERSÉFONE con todo tipo de manjares exquisitos).

HADES. *(Enseñándole varias frutas).* Bonita, todavía no has probado nada. Tienes que comer. Vamos, come algo.

PERSÉFONE. *(Lloriqueando).* Me siento demasiado desgraciada para poder comer.

HADES. No me digas eso. Prueba lo que más te guste. Es necesario alimentarse.

PERSÉFONE. ¿Por qué no dejas que me vaya? Esto está muy oscuro y hay humedad. ¡Tengo frío!

HADES. Por eso tienes que comer. Necesitas calorías. ¿Quieres un plátano? *(Ella niega con la cabeza)*. ¿Una manzana? *(Niega también)*. Mira, ¡la granada tiene muchas vitaminas y es antioxidante!

PERSÉFONE. ¡No tengo hambre! Mi madre debe de estar sufriendo... sin saber nada de mí. ¿No lo entiendes?

HADES. *(Comiendo)*. Para comerte unos granos de granada, no hace falta tener hambre. Vamos, pruébala. *(Le ofrece)*.

PERSÉFONE. *(Vencida)*. Probaré dos o tres. *(Se acerca)*.

HADES. Mujer, te pondré unos pocos más; si no, ¡ni siquiera notarás el sabor! *(Cuenta)*. Toma, aquí tienes doce, ¡uno por cada dios olímpico!

(Mientras PERSÉFONE está comiendo, se oyen unos golpes insistentes en la puerta. Llega HERMES sin aliento de lo deprisa que viene).

HERMES. *(Respira profundamente dos veces antes de poder hablar)*. Hades, Zeus me

manda a prohibirte que des comida a Perséfone...

HADES. *(Malvado)*. Ja, ja, ja... ¡Demasiado tarde!

HERMES. *(Lo mira preocupado)*. ¿Quééé...?

PERSÉFONE. ¿Qué pasa, Hermes?

HERMES. ¿Has comido algo?

PERSÉFONE. *(Mirando el recipiente)*. Tanto me ha
insistido que, por no oírlo, he comido *(contando los granos que quedan)* seis granos de
granada. La mitad de los que me había dado.

HERMES. Hades, Zeus se enfadará contigo cuando lo sepa.

HADES. Ja, ja, ja. Mira cómo tiemblo. *(Guasón,
haciendo temblar las manos)*. Que se enfade,
ya se le pasará.

PERSÉFONE. Hermes, dime qué está pasando.
¿Por qué se enfadará Zeus?

HERMES. Porque él tendría que haberte informa-
do antes de ofrecerte comida de que existe
una ley que dice que quien acepta la comida
que le da Hades se queda aquí para siempre.

PERSÉFONE. ¡Oh! *(Llora. A HERMES)*. ¿Por seis granos de granada? Maldito seas, ¡Hades!

HADES. *(Abatido)*. Perséfone, yo te quiero.

PERSÉFONE. ¡Yo te odio por haberme hecho comer!

HADES. Es que yo quiero que te quedes conmigo. Quiero que seas mi reina.

PERSÉFONE. Hermes, por favor, dile a mi madre que venga a sacarme de aquí. *(Llora).* Solo han sido seis granos de granada, ¡por Zeus!

HERMES. Se lo diré enseguida. Deméter y Zeus me están esperando. ¡Voy corriendo!

(Sale rápidamente y el mundo subterráneo se oscurece).

Tercer acto

Escena 8
Hermes lleva la noticia al Olimpo

(Zeus y Deméter están impacientes esperando el regreso de Hermes).

Deméter. *(Nerviosa y preocupada).* No me fío de tu hermano. Hades está loco, ¡completamente loco!

Zeus. Cálmate, Deméter.

Deméter. Cómo quieres que me calme si mi hija...
(La interrumpe la llegada de Hermes).

Hermes. *(Saludando).* ¡Saludos, divinidades!

Deméter. Hermes, ¿has visto a mi hija?

Zeus. ¿Traes buenas noticias?

HERMES. *(A DEMÉTER)*. Sí. He visto a Perséfone.

ZEUS Y DEMÉTER. *(A la vez)*. ¿Ha comido?

HERMES. Cuando yo he llegado, estaba comiendo unos granos de granada.

DEMÉTER. ¡Nooo! *(Llora)*.

ZEUS. *(Reflexionando en voz alta)*. Hades, ¡qué has hecho! ¡Esto es una provocación!

DEMÉTER. Zeus, tienes que sacar a Perséfone de allí.

HERMES. Estaré a vuestra disposición. *(Se retira)*.

DEMÉTER. Si mi hija no regresa, ¡yo no quiero vivir! *(Se deja caer abatida llorando)*.

ZEUS. Deméter, déjame reflexionar y encontrar una solución...

DEMÉTER. ¡Hades la ha engañado!

ZEUS. Yo comprendo tu indignación, Deméter, y me gustaría rescatar ya a Perséfone, pero sabes que la ley del reino subterráneo se ha respetado desde siempre y Hades reclamará...

DEMÉTER. *(Cortándolo furiosa)*. ¿Reclamarááá? Él se ha aprovechado de la juventud y de la inocencia de Perséfone para obligarla a comer. Ella no conocía la ley, por lo tanto, ¡no es culpable!

ZEUS. Vale, Deméter. Acepto tus razones. Convocaré al Consejo de los Dioses para juzgar

a Hades. Después de escuchar sus motivos y los argumentos de los dioses, yo mismo decidiré.

DEMÉTER. Date prisa, Zeus. Que se haga justicia pronto.

ZEUS. *(Grita).* ¡Hermes!

HERMES. Zeus, ¿cuáles son tus órdenes?

ZEUS. Convoca para mañana el Consejo de Dioses.

HERMES. Así lo haré, Zeus.

(Salen todos de escena).

Escena 9
CONSEJO Y JUICIO DE LOS DIOSES

(HERMES va dando la entrada a los DIOSES que forman el Consejo y que llevarán su atributo. ZEUS está sentado en medio. A la derecha están POSEIDÓN, AFRODITA y ATENEA. A la izquierda, APOLO, HERA y DIONISO).

HERMES. Dioses del Olimpo, estamos aquí para dar solución al conflicto provocado por Hades. ¡Sabéis que ha raptado a Perséfone y le ha dado de comer sin explicarle las consecuencias que eso conlleva! Ahora Perséfone debería quedarse allí para siempre, pero su madre, la diosa Deméter, reclama que libere a su hija. El dolor que siente le impide cuidar la Tierra. Y si la tierra se seca y no da frutos ni cosechas…, será una calamidad, ¡un drama! Zeus quiere escuchar vuestras voces antes de tomar una decisión.

POSEIDÓN. Mi hermano Hades es el dios del reino invisible de los dioses. El pobre está muy solo porque nadie quiere ir allá abajo. No tiene amigos, ni amigas. Es normal que en un momento de desesperación raptara a Perséfone. La soledad es terrible.

APOLO. ¿Normal? ¿Dices que es normal raptar a alguien? Por favor, Poseidón, si le gustaba Perséfone, lo que Hades tendría que haber hecho es conquistarla poco a poco con galanterías, detallitos… No se puede violentar así a ninguna diosa ni mortal, privándola de la luz y de la libertad.

AFRODITA. Ay, pero el arte de la seducción requiere tiempo y paciencia, y parece que a Hades se le ha agotado la paciencia. El vio a Perséfone y su belleza lo cautivó. Cupido disparó sus flechas sobre el corazón de Hades *(disculpándose)* sin mi consentimiento y se enamoró perdidamente de ella. Ya sa-

bemos que el amor es capaz de hacernos actuar, a veces, de manera irracional. Pero démosles un tiempo para estar juntos; tal vez Hades la trate realmente como una reina y ella acabe perdonándolo y apreciándolo.

HERA. Afrodita, no intentes justificar a Hades. Todos sabemos que lo que ha hecho es una barrabasada. No se puede obligar a nadie a que te haga compañía, y mucho menos a que te quiera. Yo soy la protectora del matrimonio, pero de un matrimonio aceptado libremente.

DIONISO. ¡Yo estoy absolutamente indignado! ¡Cómo osa Hades irritar a Deméter! A ella, la diosa de la fertilidad, tenemos que agradecerle productos tan valiosos como la uva, ¡por el amor de Zeus! Deméter tiene que recuperar a su hija y Hades tiene que disculparse.

ATENEA. Como diosa de la inteligencia, todos sabéis que detesto la brutalidad. Por eso, nunca he querido tener amores con mortales ni con dioses. Yo soy la protectora de los artesanos y los héroes, y no puedo proteger ni amparar a dioses que se comportan como salvajes. Hades ha herido mi sensibilidad y ha perdido mi respeto.

ZEUS. Considerando todas las razones que habéis aportado, tendremos que decidir si estamos a favor de hacer cumplir la ley del reino de los muertos y que Perséfone se quede allí para siempre, por haber comido, o si consideramos que, a causa de su desconocimiento, vale la pena dejarla libre y que regrese con su madre. Así Deméter estará feliz y continuará ocupándose de cuidar la tierra. *(Los DIOSES se juntan y lo hablan un momento)*.

POSEIDÓN. Yo creo que Perséfone debería quedarse con Hades. Él la quiere.

APOLO. Claro, como tú vives en las profundidades del mar, no te importa que la tierra se quede yerma.

AFRODITA. No se trata de pensar solo en la tierra...

HERA. Por supuesto que tenemos que pensar en la fertilidad de la tierra.

ZEUS. No sigamos discutiendo. Será mejor que votéis.

ATENEA. Perdona, Zeus, pero yo creo que puede haber una solución que contente a Deméter y que, además, haga cumplir la ley del reino invisible, para evitarnos proble-

mas y crear malos precedentes: si Perséfone solo comió seis granos de granada, o
sea, la mitad de lo que le ofreció Hades,
podría quedarse la mitad del tiempo con él
y la otra mitad con su madre. Así, Deméter estaría feliz por lo menos la mitad del
tiempo, y cuidaría la tierra y habría buenas
cosechas...

DIONISO. Ay, Atenea, ¡cómo se nota que eres la
diosa de la sabiduría!

AFRODITA. Y durante la mitad del tiempo que Hades estaría con Perséfone, debería ser amable y tierno con ella, para demostrarle su
amor y que ella desee volver cada vez.

ZEUS. La propuesta de Atenea me parece muy
razonable. ¿Estáis de acuerdo? (*LOS DIOSES
aceptan*). Así pues, Hermes, que pasen.

HERMES. Voy, Zeus.

(*Entran en escena HADES, DEMÉTER y PER-
SÉFONE*).

ZEUS. La decisión que ha tomado el Consejo de
Dioses es la siguiente: teniendo en cuenta
como atenuantes que Perséfone desconocía
la ley, que solo ha comido la mitad de lo que

le había ofrecido Hades y que no podemos permitir que Deméter esté triste y abandone la Tierra, a partir de ahora Perséfone se quedará seis meses al año con Hades y los otros seis meses subirá a la Tierra para estar con su madre. *(Los tres se miran todavía desconcertados).*

APOLO. El periodo en el que Perséfone esté en la Tierra, ¡yo me encargaré de procurar buen tiempo y de que el sol luzca espléndido!

AFRODITA. Durante ese tiempo, mi hijo Cupido llenará de amor y de alegría el corazón de los humanos.

HERA. Pero cuando Perséfone esté en el infierno, Deméter estará triste, abandonará la Tierra, y poco a poco esta dejará de dar frutos. Entonces...

DIONISO. ¡Yo todavía tendré tiempo de vendimiar la uva y producir buenos vinos!

POSEIDÓN. Después de eso, hará más frío. Pero será bueno que la tierra repose y se regenere, que la lluvia avive los colores de la naturaleza y que los copos de nieve pinten de blanco el paisaje... *(Los DIOSES empiezan a salir en grupitos comentando la resolución del juicio).*

NARRADORA. *(Entrando por un lateral).* Y así es como, desde entonces, el año tiene cuatro estaciones diferentes. Cuando Perséfone está con su madre, la tierra empieza a estar espléndida y aparece la primavera y después el verano. Pero cuando Perséfone desciende con Hades al reino de los muertos, empieza el otoño y llega el frío del invierno.

Los humanos estamos muy contentos porque Atenea tuvo una buena idea.

A nosotros, cada estación nos da un motivo de satisfacción.

Propuestas escénicas

La lectura de una obra de teatro siempre tiene —y más aún cuando se lee en grupo— la posibilidad de terminar con un colofón extraordinario: el de su representación dramática. Por eso, y puesto que también estamos seguros de que la obra os ha gustado, a continuación, sugeriremos unas propuestas de escenificación posibles, fáciles de llevar a cabo y adecuadas a los escasos recursos disponibles muy a menudo en los grupos de teatro escolar o de aficionados. Pero, como es lógico, se trata solo de sugerencias y no de indicaciones de obligado cumplimiento. Haréis bien, en este sentido, si tomáis las ideas que os gusten y abandonáis las que no consideréis factibles. Pero, sobre todo, actuaréis todavía con más acierto si sustituís nuestras limitaciones con vuestras ideas y ponéis a trabajar vuestra imaginación y vuestro esfuerzo. Recordad, eso sí, que se trabaja mejor en equipo, consensuando las decisiones y pidiendo, si es necesario, la colaboración de vuestras familias y del profesorado del centro en el que estudiáis.

El decorado y el atrezo

Si os parece, empezaremos por el decorado. Sin duda, es la parte más visible de un montaje teatral y, si acertamos, ya tendremos ganada una gran parte del éxito. Sin embargo, tampoco debemos obsesionarnos con crear un decorado espectacular ni fiel al cien por cien a los paisajes o a las estancias donde transcurren los hechos de las diferentes escenas. Podemos diseñar perfectamente un escenario visualmente atractivo, con pocos recursos y barato, que sea capaz de sugerir los ambientes necesarios con la ayuda de la iluminación o el cambio de posición de determinados elementos móviles. De hecho, pensemos que este recurso es el que mejor se adapta a las necesidades de representación de una obra como *¿Y todo esto por una granada?*, para la que proponemos un modelo de decorado sencillo —incluso minimalista— y moderno.

Podemos diseñar, por ejemplo, un conjunto de bastidores y de plataformas situados a diferentes niveles o alturas: tres o cuatro cubos cilíndricos que dibujan cada uno de los lados y dispuestos en el escenario formando una composición geométrica variable según el interés de cada una de las escenas. Este decorado mínimo, también según cada escena, se puede reforzar con representaciones en cartulina o en corcho de elementos alusivos al lugar de la acción: unas nubes y alguna torre de un palacio cuando estamos en el Olimpo, el sol en las escenas que transcurren en el mundo del aire y de los vivos, llamas y caras fantasmales en los escenarios que representan el mundo subterráneo, etc.

De esta manera, los dos escenarios principales en los que, según hemos dicho en la introducción, se desarrolla casi toda la trama —el reino de Zeus y el reino de Hades— pueden compartir un mismo decorado. Solo tenemos que introducir un cambio sustancial de iluminación y reforzarlo con la sustitución de unos pocos elementos decorativos. Además, como es lógico, todas las escenas del mundo subterráneo tendrán lugar en los espacios inferiores de los bastidores del decorado.

En cuanto al atrezo, es muy importante en esta obra tenerlo relacionado y a punto porque forma parte esencial de la comprensión de la historia y, como tal, se menciona en la redacción del texto. Zeus debe llevar encima un águila, estampada —quizás— en la tela de la túnica que lo vista, y un rayo de tormenta en la mano. Poseidón, como dios del mar, llevará un tridente. Hades, un báculo en la mano. Deméter, aunque en la obra no se indica, puede llevar una hoz de madera como herramienta que se identifica con el trabajo de la tierra. De Perséfone tampoco se indica nada en el texto, pero podría llevar un ramito o una corona de flores. De

Apolo, en cambio, sí. Apolo tiene que andar muy presumido, con una lira y una diadema de laurel y de rayos de sol, con un arco y un carcaj con flechas. Atenea debe llevar un casco, una lanza y un escudo, además de una lechuza, lógicamente de juguete. Hermes llevará un sombrero y sandalias con unas alas pegadas y un caduceo. Dioniso puede llevar hojas de viña en la cabeza o algún racimo de uvas colgando del hombro o del cinturón. Hera puede llevar una cola de pavo real abierta pegada al vestido. Afrodita debe llevar a hombros o en brazos un niño o un cupido dibujado con las flechas del amor. Y, finalmente, las ninfas vestirán todas con coronas de flores en la cabeza. Las siluetas de todos estos elementos se pueden elaborar de manera sencilla con cartón.

No nos olvidaremos tampoco de construir un trono para Zeus, que podéis realizar con una silla o una butaca normal envuelta con telas o sábanas blancas y almohadas. Esta cátedra la podéis dejar en lo más alto del decorado durante toda la representación, aunque la hagamos aparecer o desaparecer con juegos de luz a conveniencia. Tampoco debemos olvidarnos del sol, que, con su movimiento, efectuado con cuerdas y poleas, simbolizará el paso del tiempo, del día y de la noche. En definitiva, son muchos los elementos de los que deberéis tomar buena nota y saber en qué escena se necesitan, como las linternas que llevan Hermes y Cerbero en la cuarta escena o el plato con granos de granada que le ofrece Hades a Perséfone en la séptima escena, en la que también le ofrece muchos otros alimentos. Repasad, por lo tanto, la obra, por si nos hemos olvidado de algún elemento, y nombrad a alguna persona encargada del atrezo. Es muy importante hacerlo.

La música y los efectos sonoros

El decorado da credibilidad a la acción y contribuye a que la representación sea atractiva estéticamente, pero la música y los efectos sonoros crean el ambiente adecuado para que el espectador se abstraiga del entorno y viva inmerso en la historia que se narra, entrelazando unas escenas con otras sin pausas excesivas. De esta manera, el público se mantiene atento y en silencio. Además, en una obra como *¿Y todo esto por una granada?* puede ejercer un papel muy relevante como introductora de personajes y como contrapunto para remarcar el paso entre las escenas del mundo de los vivos y las del mundo de los muertos. También podéis utilizar la música como contraste entre el mundo clásico y mítico de los dioses griegos y la vitalidad de la historia en el mundo actual con una mezcla de estilos musicales diferentes, utilizando —¿por qué no?— ritmos actuales y modernos. En este sentido, os invitamos a que hagáis una buena y variada selección de temas y fragmentos musicales que os gusten y que los distribuyáis según el orden de aparición para grabarlos en un único archivo de audio, lo que os facilitará mucho la puesta en escena y os evitará errores no deseados. También podéis elegir una banda sonora, a excepción de los momentos puntuales que requieren una música especial, que suene de fondo, con subidas y bajadas de volumen en las transiciones o cuando hablan los personajes.

En cualquier caso, sea cual sea la música que elijáis, debéis tener en cuenta que habrá que introducirla del siguiente modo:

—Siempre va bien empezar con una música o canción inicial que invite a los espectadores a sentarse y estar atentos. Esta música sonará con el telón echado y antes de las palabras iniciales de la narradora.

Cuando la narradora, ya con el telón abierto, vaya llamando y presentando a los diferentes dioses, deberían sonar pequeños fragmentos musicales adaptados al carácter y a las características del personaje, mientras este sale a la sala teatral y se coloca en el lugar del escenario que le corresponde.

—Será necesario también un fragmento musical —por ejemplo, el de la banda sonora de *La guerra de las galaxias*— para el final de la escena primera, cuando ya están sobre el escenario todos los dioses.

—La transición a la segunda escena tiene que ser radical: de la apoteosis musical pasaremos al silencio y, después, sonará una música tenebrosa o se oirán varios sonidos que provoquen sensaciones terroríficas. Estos mismos sonidos se escucharán al principio y, tal vez, al final de las escenas cuarta, quinta y sexta, es decir, de aquellas en las que la acción transcurre en el mundo subterráneo de Hades.

—En la escena quinta tiene lugar la danza del rapto que ejecutarán Hades y Cerbero alrededor de Perséfone. Se deberá elegir una música que se pueda bailar y que resulte inquietante. Como es lógico, el baile también hay que ensayarlo.

—En la quinta escena también hay que estar preparados para acompañar la caída de las hojas con algún efecto sonoro, así como en la sexta escena para reproducir el sonido de una corriente de agua que aumente progresivamente el ruido hasta convertirse en la voz en *off* que pronuncia las palabras del texto.

—En la octava escena podríamos incluir una música introductoria de melodía triste, porque es en esta escena en la que Deméter recibe la noticia del secuestro de su hija.

—En la novena escena escucharemos una fanfarria de bienvenida a la entrada de los dioses en la sala del trono para llevar a cabo el Consejo —si es posible, con predominio de trompetas— y otra música de despedida cuando la reunión haya terminado y los dioses abandonen la escena.

—Y, finalmente, se escuchará una música de cierre que puede ser de carácter festivo: empezará después de las últimas palabras de la narradora y servirá de fondo musical durante los saludos finales de los actores.

El vestuario y el maquillaje

En general, la creación del vestuario de los personajes de esta obra no debería ser muy complicada. Ya hemos dicho que los dioses deben vestirse al estilo griego de la época clásica y, tanto en internet como en cualquier biblioteca, podéis encontrar mucha información, con imágenes, que os será muy útil. Lógicamente, tendréis que pedir ayuda a vuestras familias para confeccionar cada uno de los vestidos —túnicas mayoritariamente— de los personajes.

Las dificultades más grandes las tendrá quien interprete al personaje de Cerbero, porque le tendremos que proporcionar un disfraz de perro y, si es posible, añadirle dos cabezas más, una a cada lado del cuello, encima de los hombros. Las cabezas se pueden realizar con esponja, porque es un material ligero y fácil de recortar y pegar. También se pueden confeccionar con cartulina o con corcho, o bien con tela rellena de papel. Igualmente, podemos tener dificultades si queremos que aparezcan de manera humanizada las hojas de los árboles y el agua, que, en principio, hablan solo en *off*. Sin embargo, con imaginación, estoy seguro de que podréis encontrar o confeccionar unos disfraces de hoja o de gota de agua para añadir a la representación dos actuaciones musicales más y hacer participar a más estudiantes en la fiesta del teatro.

El maquillaje, por otra parte, tiene que ser muy suave, pero visible en la mayoría de los personajes, tanto en los masculinos como en los femeninos. El objetivo debe ser que resalte la belleza natural de las facciones del elenco. Tan solo el maquillaje de Hades debería ser más intenso, con colores más fuertes y con la intencionalidad de destacar el aspecto más feroz y malvado del personaje.

La iluminación y los efectos especiales

La iluminación crea climas capaces de dotar de realismo y credibilidad las escenas de una obra de teatro. Por eso, es un elemento básico para favorecer el éxito de la representación, y más aún en una obra como *¿Y todo esto por una granada?*, en la que, como ya hemos dicho, hay que jugar mucho con el contraste entre las escenas muy iluminadas de las acciones que transcurren en el Olimpo y las escenas oscuras que pasan en el mundo subterráneo. Pero este no es el único aspecto que debemos contemplar; también hay otros destacables, como que Zeus siempre tenga una luz especial enfocándolo que lo destaque del resto como dios supremo. También Perséfone deberá tener algún foco de luz que resalte la figura entre la oscuridad reinante cuando esté secuestrada en el reino de Hades. Son aspectos que tendréis que estudiar y anotar para que la obra resulte más espectacular. También sería buena idea introducir algún efecto especial de luces en los bailes y las danzas, u otro tipo de efecto sonoro y visual que acentúe la presencia, por ejemplo, de las voces en *off* del texto.

Naturalmente, en el uso de todos estos recursos que os hemos sugerido en estas propuestas escénicas, la imaginación y la colaboración en equipo os serán de gran ayuda. Y, puesto que vais bien servidos tanto de la una como de la otra, estamos seguros de que os saldrá una representación teatral de *¿Y todo esto por una granada?* magnífica e inolvidable.

Índice

Esta historia la ha escrito...

Anna Ballester es cuentacuentos y especialista en dramatización y literatura infantil y juvenil. Como escritora, ha publicado diversas obras que acercan la mitología griega a los más pequeños, como *¡Dichosa manzana!*, *Implacable Zeus* o *Històries de l'Olimp: Dànae i Perseu*. En el campo de la divulgación de poesía, ha publicado *Poemania, guia pràctica per a fer lectors i lectores de poesia* o *Elles: constel·lació poètica*.

Y la ha ilustrado...

Ada Sinache empezó compaginando el diseño con la ilustración, pero desde hace muchos años se dedica exclusivamente a ilustrar. Tiene multitud de registros y, para ella, lo importante es conectar con lo que hace.